UNION DES FEMMES DE FRANCE

Comité de Nancy

Mémento

du Brancardier

———•◦•———

NANCY

...MERIE BERGER-LEVRAULT & Cⁱᵉ

18, rue des Glacis, 18

———

1907

MÉMENTO DU BRANCARDIER

PRÉLIMINAIRES

Qu'appelle-t-on brancardiers ?

Ce sont les hommes chargés de donner les premiers secours aux blessés et de les transporter soit au poste de secours, soit à l'ambulance, les brancardiers sont seuls chargés de ce soin.

Combien y a-t-il d'espèces de brancardiers ?

Deux : les brancardiers régimentaires chargés de transporter les blessés du champ de bataille au poste de secours, et les brancardiers d'ambulance chargés de transporter les blessés du poste de secours à l'ambulance.

Qu'appelle-t-on poste de secours ?

C'est le premier échelon de la ligne de secours aux blessés en arrière du champ de bataille (à hauteur du bataillon de réserve).

A quoi reconnaît-on un poste de secours ?

Au pavillon de la Convention de Genève, croix rouge sur fond blanc.

Qui trouve-t-on au poste de secours ?

Les médecins et les infirmiers reconnaissables au brassard de la Convention de Genève, croix rouge sur fond blanc, qui confère la neutralité.

Quel est l'insigne du brancardier ?

Le brassard portant une croix de Malte blanche sur fond bleu, qui ne confère pas la neutralité.

En cas d'évacuation du poste de secours quels blessés y laisse-t-on de préférence ?

Les plus gravement atteints (reconnaissables à ce qu'ils sont porteurs d'une fiche de diagnostic de couleur blanche).

PREMIERS SECOURS A DONNER AUX BLESSÉS

En quoi consistent-ils ?

1° Ranimer les blessés sans distinction de nationalité ;

2° Panser les plaies simples ou compliquées *a)* d'hémorragies, *b)* de fracture ;

3° Transporter les blessés au poste de secours.

1° Ranimer les blessés

Comment ranime-t-on les blessés ?

Coucher le blessé sur le dos, le débarrasser de ce qui gêne sa respiration. Lui donner à boire. Le faire revenir à lui en cas de syncope.

Qu'est-ce qu'une syncope ?

C'est la perte de connaissance.

Comment combat-on la syncope ?

Par des frictions énergiques (eau) et la respiration artificielle, en permettant le plus possible l'accès de l'air en éloignant les spectateurs.

En quoi consiste la respiration artificielle ?

A produire artificiellement les deux mouvements d'inspiration et d'expiration qui composent la respiration.

Qu'appelle-t-on inspiration ?

C'est le mouvement par lequel l'air entre dans la poitrine, il coïncide avec l'élévation des côtes.

Qu'appelle-t-on expiration ?

C'est le mouvement par lequel l'air sort de la poitrine, il coïncide avec l'abaissement des côtes.

2° Panser les plaies simples ou compliquées *a*) d'hémorragie; *b*) de fracture

Qu'est-ce qu'une plaie ?

C'est une déchirure faite par une violence extérieure soit à la peau, soit à une partie quelconque du corps. Si elle n'est accompagnée ni de fracture, ni d'hémorragie, c'est une plaie simple ; si elle est accompagnée d'hémorragie ou de fracture, c'est une plaie compliquée.

Comment panse-t-on une plaie simple ?

On place sur la plaie de la charpie ou à son défaut un linge (mouchoir, cravate) pour empêcher le contact de l'air avec la plaie, puis une bande, un mouchoir, une cravate (ou un autre lien) pour maintenir le tout.

a) DES HÉMORRAGIES

Qu'est-ce que le sang ?

C'est le liquide nourricier du corps, absolument nécessaire à la vie ; de là le danger des hémorragies.

Qu'appelle-t-on hémorragie ?

C'est une perte de sang.

Combien y a-t-il d'espèces d'hémorragies ?

Trois : artérielle, veineuse, capillaire, du nom du conduit dans lequel le sang circule ou coule.

Qu'est-ce qu'une artère ?

C'est une espèce de tuyau ou tube en tissu élastique analogue au caoutchouc, dans lequel le sang circule du cœur à l'extrémité des membres.

Qu'est-ce qu'une veine ?

C'est un tuyau ou tube dans lequel le sang revient de l'extrémité des membres au cœur.

Qu'appelle-t-on capillaires ?

Ce sont des tuyaux ou tubes très fins, de la grosseur d'un cheveu par exemple, intermédiaires entre les artères et les veines.

Qu'est-ce que le cœur ?

C'est l'organe central de la circulation qui envoie le sang dans les artères et qui reçoit celui des veines.

Comment reconnaît-on une hémorragie artérielle ?

Le sang sortant d'une artère coupée est rouge vif, clair, et s'écoule au dehors avec force par jets saccadés ; de plus si on comprime entre la plaie et le cœur, le sang ne venant plus dans l'artère, l'hémorragie s'arrête.

A quoi reconnaît-on une hémorragie veineuse?

Le sang sortant d'une veine ouverte est rouge foncé, noir, sort sans force du vaisseau blessé, sans saccades, en bavant, de plus si on comprime entre la plaie et le cœur, le sang continue à couler, puisqu'il vient de l'extrémité des membres.

A quoi reconnaît-on une hémorragie capillaire ?

Lorsque le sang vient de plusieurs côtés à la fois, qu'il sort en nappe sans force et sans jets. Exemples : coupure, saignement de nez, etc.

Comment panse-t-on une plaie compliquée d'hémorragie ?

On arrête d'abord l'hémorragie, puis on panse la plaie comme une plaie ordinaire.

Comment arrête-t-on une hémorragie ?

Par la compression directe ou indirecte.

Comment fait-on la compression directe ?

On comprime directement l'endroit d'où provient le sang au moyen d'un tampon, de là le nom de tamponnement.

Avec quoi fait-on le tamponnement ?

Avec de la charpie, du linge, un mouchoir, de l'amadou, serrés fortement dans la plaie (à défaut de ces objets, on peut employer de la mousse et même de l'herbe).

Si le tamponnement ne suffit pas que faut-il faire ?

La compression indirecte.

En quoi consiste-t-elle ?

A presser sur le trajet de l'artère pour empêcher le sang d'arriver jusqu'à la plaie.

Avec quoi fait-on la compression indirecte ?

Avec le garrot ou le tourniquet à baguettes.

Qu'est-ce que le garrot ?

C'est un lien fait soit avec un mouchoir, soit avec une bande, une cravate, que l'on établit autour du membre et que l'on serre jusqu'à ce que le sang cesse de couler.

Qu'est-ce que le tourniquet à baguettes ?

Ce sont deux baguettes dont deux extrémités sont réunies par une ficelle, les deux autres extrémités étant libres, mais pouvant être réunies entre elles par une autre ficelle.

Comment le place-t-on ?

On place une baguette sur le trajet de l'artère et l'autre de l'autre côté du membre, puis on serre jusqu'à ce que le sang cesse de couler, et on fixe les extrémités libres.

Comment reconnaît-on que la compression est suffisante ?

Si le sang ne coule plus par la plaie, ou si le pouls ne bat plus.

Qu'est-ce que le pouls ?

C'est le battement produit par le sang qui arrive dans l'artère envoyé par le cœur.

En cas d'hémorragie artérielle ou veineuse ou capillaire, que faut-il faire ?

Le tamponnement, et, s'il ne suffit pas, la compression indirecte.

Pourquoi le tourniquet à baguettes est-il préférable au garrot ?

Parce qu'il ne comprime pas tout le membre et que la circulation en retour n'est pas entravée, ce qui expose moins à la gangrène.

Quel est le siège des artères ?

. Généralement le côté interne des membres.

Donnez leur description détaillée ?

Au membre supérieur : l'humérale au bras, la radiale et la cubitale à l'avant-bras (pouls).

Au membre inférieur : la fémorale à la cuisse, deux autres à la jambe.

Où faut-il faire la compression indirecte ?

Sur l'humérale au bras pour le membre supérieur. Sur la fémorale à la cuisse pour le membre inférieur.

Au cou, comment arrête-t-on une hémorragie ?

Par le tamponnement, la compression avec les doigts, la ligature des bouts de l'artère ne pouvant être faite que par un médecin.

b) DES FRACTURES

Quels sont les autres soins à donner aux blessés ?

Panser les plaies compliquées de fracture ou les fractures sans plaie.

Qu'est-ce qu'une fracture ?

C'est un os brisé.

Qu'est-ce qu'un os ?

Les os sont la partie solide (ou dure) du corps, les autres tissus, muscles, nerfs, vaisseaux pouvant être considérés comme parties molles.

Comment divise-t-on les os du squelette ?

En os de la tête, du tronc et des membres.

Quels sont les os de la tête ?

Ceux du crâne et ceux de la face.

Quels sont les os du tronc ?

Les vertèbres, le sternum, les omoplates, les os iliaques et les côtes.

Quels sont les os du membre supérieur ?

Un au bras, deux à l'avant-bras; les os du poignet et de la main.

Quels sont les os du membre inférieur ?

Un à la cuisse ; à la jambe deux os, enfin les os des pieds.

A quoi reconnaît-on qu'un os est cassé ?

A quatre symptômes ou signes.

Quel est le premier symptôme d'une fracture ?

La déformation du membre, quand il paraît déformé, plié ou courbé à un endroit où il n'existe pas d'articulation normale.

Quel est le second symptôme d'une fracture ?

La mobilité anormale, quand il se produit des mouvements à un endroit où il n'existe pas d'articulation.

Quel est le troisième signe d'une fracture ?

L'impuissance du membre, quand le blessé ne peut se servir de ce membre.

Quel est le quatrième ?

La crépitation, c'est-à-dire un bruit ou plutôt une sensation de nature spéciale que l'on éprouve en touchant l'os cassé ; elle ressemble à la sensation ressentie en serrant de la neige entre les mains ou en pressant un sac de noix.

Que faut-il faire en cas de fracture ?

Reconnaître la fracture avec précaution, un

seul symptôme suffit, la réduire, immobiliser le membre fracturé, envoyer ou transporter le blessé au poste de secours.

La douleur peut-elle être un signe de fracture ?

Oui, quand elle se localise en un point donné avec une grande intensité.

Qu'appelle-t-on réduire une fracture ?

C'est remettre le membre dans sa position normale, droite, naturelle.

Comment réduit-on une fracture ?

En faisant l'extension et la contre-extension.

Qu'appelle-t-on extension ?

C'est le mouvement qui consiste à tirer avec précaution le membre fracturé du côté de l'extrémité de ce membre.

Qu'appelle-t-on contre-extension ?

C'est le mouvement qui consiste à tirer le membre blessé du côté du tronc.

A quoi ces deux mouvements servent-ils ?

A remettre les extrémités de l'os brisé au contact l'une de l'autre et le membre en ligne droite.

Quand la fracture est réduite que faut-il faire?

Immobiliser le membre fracturé.

Comment immobilise-t-on une fracture ?

On emprisonne le membre cassé dans une enveloppe que l'on appelle appareil à fracture, pour empêcher que des mouvements ne se produisent à l'endroit cassé.

De quoi se compose un appareil à fracture complet ?

1° D'un drap fanon, c'est-à-dire un linge, une pièce de toile (un essuie-main), etc., destiné à envelopper les attelles ;

2° D'attelles, c'est-à-dire de planchettes de bois, de carton ou de fil de fer de la longueur du membre blessé, qui ont pour but de le maintenir rigide ;

3° De coussins pour amortir les pressions directes sur l'os ;

4° De lacs ou liens qui font tenir le tout.

Comment improvise-t-on un appareil à fracture ?

On remplace le drap fanon par une couverture (de campement), une capote, une veste.

On remplace les attelles par des baguettes de bois, des planchettes, des faisceaux de paille joints ensemble, ou à défaut par le fusil ou son sabre-baïonnette.

On remplace les liens par des cravates, mouchoirs, ceintures, bretelles, etc.

Quel est l'appareil le plus rapide ?

La veste ou la capote et des cravates ou bretelles.

Pour le membre supérieur, que faut-il de plus ?

Maintenir le bras contre le corps par une écharpe.

A défaut d'écharpe qu'emploie-t-on ?

On fixe l'avant-bras dans l'espace compris entre deux boutonnières de la veste, ou on relève le pan de la capote pour fixer le bras contre le corps.

3° Transport des blessés

Comment peut-on transporter un blessé ?

Sans brancard à bras d'homme, avec un brancard, ou en voiture.

Comment un brancardier peut-il transporter un blessé ?

Dans ses bras (avec ou sans écharpe), ou sur son dos.

Comment deux brancardiers peuvent-ils transporter un blessé, assis, sans brancard ?

Les deux mains opposées étant entrelacées sous les cuisses du blessé, les deux autres sous son dos ; ou bien les mains opposées deux à deux pour constituer une sellette sur laquelle le blessé est assis.

Couché :

Premier moyen : un brancardier se place derrière le blessé, le saisit par les épaules et le tronc, en plaçant la tête contre sa poitrine, l'autre saisit les jambes sous ses bras ;

Deuxième moyen : un brancardier, placé de côté, saisit la tête et le tronc ; l'autre, placé du même côté, saisit le bassin et les jambes.

Comment trois ou quatre brancardiers peuvent-ils transporter un blessé ?

Deux portent le tronc et la tête, l'autre les jambes ; s'ils sont quatre, le quatrième porte la tête.

Quels sont les commandements ?

Attention — Enlevez : Marche! Halte : Attention — Posez !

Comment se sert-on du brancard ?

A deux ou quatre.

A deux : le brancard est monté, placé sur le côté du blessé, les brancardiers soulèvent le blessé comme précédemment et le déposent au commandement.

A quatre : le quatrième peut glisser le brancard sous le blessé, soulevé par les autres.

Comment charge-t-on un blessé sur un brancard ?

Avec précaution et douceur, et selon la position indiquée par le siège de la blessure.

Quelle est la position pour une plaie de tête ?

Le blessé est couché sur le côté opposé à la blessure, la tête ployée et immobilisée par la veste, la capote, etc. Si la plaie est en arrière, le blessé peut être couché sur le ventre ou sur le côté.

Position pour une plaie du cou?

Le malade est couché sur le côté opposé à la plaie, la tête fléchie et immobilisée.

Position pour une plaie de poitrine ?

Le blessé est couché sur le côté blessé et immobilisé par les vêtements.

Position pour le ventre ?

Le malade est couché sur le dos, la tête fléchie et les jambes relevées et immobilisées ; si la blessure est sur le côté, coucher le blessé sur le côté opposé.

Position pour la colonne vertébrale ?
Sur le dos, tête et jambes légèrement relevées.

Position pour les hémorragies et fractures ?
Au membre supérieur le blessé peut marcher d'ordinaire.
Au membre inférieur, coucher le blessé sur le dos et l'immobiliser.

Commandements pour le brancard à deux porteurs ?
Attention — Enlevez : Marche ! le numéro 1 part du pied gauche, le numéro 2 part du pied droit. Halte : Attention — Posez !

Commandements pour quatre brancardiers ?
Deux à la tête, deux aux pieds, se faisant face deux à deux.
Attention ! ils saisissent les hampes, une main au-dessous, l'autre au-dessus. Enlevez : Marche ! Attention — Posez ! Ils se font face par un quart de tour, soulèvent le brancard et le posent à terre avec ensemble.

Comment monte-t-on un escalier ou une rampe, avec le brancard ?
Les brancardiers s'arrêtent au pied de l'escalier ou de la rampe. Les deux du côté tête montent après avoir dégagé le brancard de l'épaule au commandement : Dégagez ! et tiennent le brancard au niveau de la marche, prêts à y poser les pieds du brancard. Les brancardiers du côté des pieds maintiennent les pieds à hauteur de la tête, tout en montant.

Comment descend-on une rampe ou un esca-lier ?

On place les pieds du brancard en avant ; deux brancardiers, après avoir descendu plusieurs marches, maintiennent les pieds au niveau de la tête que deux autres brancardiers maintiennent au niveau de la marche, tout en descendant.

Comment passe-t-on un mur ou une haie ?

A quatre : le numéro 1 passe l'obstacle, les deux suivants tiennent les hampes des pieds et le quatrième la tête. Au commandement : Envoyez ! les deux qui tiennent les pieds les donnent au numéro 1, passent à leur tour l'obstacle et reprennent l'extrémité tête des mains du quatrième.

Comment passe-t-on un fossé ?

Le numéro 1 passe le fossé. Deux autres prennent les hampes antérieures ou des pieds, enlèvent au commandement : Envoyez ! ils donnent les hampes antérieures au numéro 1 et reprennent les hampes postérieures des mains du quatrième. Si le fossé est trop large, ils se mettent à cheval sur le fossé.

Comment décharge-t-on un brancard ?

Comme pour le charger, en sens inverse. Deux, trois ou quatre brancardiers soulèvent le blessé au commandement, et le déposent à l'endroit indiqué.

Comment improvise-t-on un brancard ?

Avec des sacs, des paillasses vidées, des couvertures, des planches, échelles, bâtons sur lesquels on place des cordes. On peut aussi se servir de deux fusils joints entre eux par des bretelles.

Quelles voitures transportent les blessés à l'ambulance ou aux hôpitaux ?

Les voitures d'ambulance ou des voitures improvisées.

Combien y a-t-il d'espèces de voitures d'ambulance ?

Deux : à quatre roues pour dix malades assis ou quatre couchés ; à deux roues, pour deux hommes couchés.

Comment charge-t-on un brancard sur une voiture d'ambulance ?

La voiture est ouverte et préparée, le blessé est apporté près de l'arrière de la voiture.

Premier temps. — Attention — Enlevez (le brancard), placez les pieds du brancard dans le chariot mobile, qui se trouve sur le plancher de la voiture.

Deuxième temps. — Poussez le chariot jusqu'à l'extrémité de la voiture.

Troisième temps. — Enlevez le brancard jusqu'aux crampons de soutien.

Quatrième temps. — Bouclez les courroies. Rompez. On place les armes et les effets sur la voiture.

Comment décharge-t-on le brancard de la voiture ?

Premier temps. — Débouclez les courroies.

Deuxième temps. — Enlevez le brancard. Déposez-le sur le chariot. Descendez.

Troisième temps. — Tirez le brancard jusqu'à l'extrémité de la voiture.

Quatrième temps. — Soulevez le brancard. Marche. Halte. Posez.

Comment improvise-t-on une voiture d'ambulance ?

En disposant des planches, des matelas, des paillasses, des couvertures dans le fond d'une voiture ordinaire.

Comment peut-on suspendre les brancards ?

En faisant passer des cordes d'une paroi à l'autre et en les entre-croisant au milieu; ou bien en tendant des couvertures ou des barres transversales; on peut aussi se servir de crochets à ressort si on en possède.

Nancy, impr. Berger-Levrault et Cie